Karl Corino

IN BEBONS TAL

Neue Bilder aus Bebenhausen

Gedichte

KLÖPFER&MEYER

Für Elis in Erinnerung
an den 13. Juli 1968

Wunsch im Vorraum des Kreuzgangs

Gern hätte sie früher an diesem
Orte gelebt

erklärt das Mädchen der
Freundin schwarz wie ein
Skapulier nach dem Gelübde

»an einem Orte der
Kraft aus dem das Leben
herausstarb wie aus dem
Panzer der Krebs«

Gern würde sie ein paar Monate
geben für einen einzigen
Tag

»Aber Frauen kamen hier nicht
herein es sei denn als Tote«

Und plötzlich beugt sie sich über den
gläsernen Sturz und sieht
»Pinguine wahrhaftig Pinguine« wo
Gänse die Flügel recken am
Teich

Vor Ort am Steinbruch

Blöcke in einen geweihten Hohl-
block verwandeln dies ist das
Geheimnis der Höhlung

Der Sandstein auf Ochsenwagen den
steilen Kirnberg hinunter

Geheimnis der Bremse gegen den
Hangabtrieb die
rauhe Sperre

die Hinterräder mit Ketten
gefesselt sie drehten sich
nicht mehr in
Kufen verwandelt

Gleich dem Rad des
Begehrens standen sie
still kamen ans
Ziel

Doppelte Spur in die Flanke
tief des Hanges geschnitten bat um
Erbarmen den Herrn

»leise« gleich »leise« gleich
Fuhrmanns kirjeeleis

Pia Fraus

»Türme sollten die Klöster der Zisterzienser
nicht haben« erläutre ich
meinen Enkeln unter der
Vierung aus der gedrehte
Läut-Seile hängen

»Ja« mischt einer sich ein es ist der
leicht stotternde Mesner »hin und
wieder gabs auch hilfreichen frommen
Betrug« und zeigt auf den
listigen Peter

»Alle vier Jahre Visite durch einen
hohen Revisor. Unmittelbar danach
gewissermaßen im Hundstrab wurde
errichtet der Turm und geweiht der
heilgen Maria

Der nächste Revisor nahm Anstoß
entschieden schon aus der Ferne war aber
machtlos der Turm stand unter
höchstem Schutz

So konnte man mit Maria den
heiligen Bernhard aus-
stechen«

Biberschwänze

Der Biber legt die Pfote in die Wunde
Gerhard Schwab

Am Fuße der Mauer der
Teich die Blätter der
Pappeln plappern vom strengen
Fastengebot

Man esse niemals das Fleisch
vierfüßiger warmblütiger
Tiere gereicht sei es allenfalls
Kranken

Aber da war dieses Tier halb
Zimmermann und halb
Maurer mit seiner kräftigen
Kelle

Das fingen die Laienbrüder für
alle denn eigentlich wars ja ein
Fisch mit seinem schuppigen
Schwanz

Den Zwitter hatte geschaffen der
Herrgott selber und klein war die
Sünd ihn zu essen wie Weiher im
Kloster-Modell

Einschiffung von Calatrava

(Fresco im Refektorium 1513)

»Ein Ritter Christi tötet mit gutem Gewissen,
wenn er tötet, nutzt er Christus«
Bernhard von Clairvaux

Da ziehn sie heran die
Ritter die Waffe über der
Schulter bereit die Schiffe am Kai

»Brüder aus Schwaben es geht
gegen die Moslems und kämpfen sie für
Allah mit Schwert und mit Feuer so tun
wir es für unseren Gott mit gleichem
Feuer und Schwert

Behaltet nur euren Turm es sei denn er
eigne sich uns für die Belagrung
Stein immerhin brennt nicht die
Brandpfeile tun keinen Schaden

Umgeschrieben ist unsre Bibel
›So einer dich schlägt auf die
linke Backe so gib ihm sofort
zwei auf die rechte dafür‹«

Cordoba winkt einsam und
fern

Mystik und Seifenmangel

Herr mein fließender Quell
Der süße Tau der anfanglosen Dreifaltigkeit
hat sich gesprengt aus dem Quell der ewigen
Gottheit
Mechthild von Magdeburg

Nicht gefunden beim Rundgang die
Badestube der Mönche

Aldous der weltlich fromme aus
Engelland fragt nach dem Bande von
Mystik und Mangel an Seife

Fehlte die handliche Einheit von Fett
Natronlauge und Kochsalz führten die
kleinen Wunden der Dornen und
Geißeln zu ständiger leichter
Sepsis

Waren die Wahrnehmungspforten dann
offen oder verstopft?

Frommer Irrtum durch
Krankheit?

Auf ihrer trockenen Spreu schwamm in der
Gottheit die Seele wie in seinem Wasser der
Fisch sicher nicht zu ertrinken

die Kiemen wuchsen noch
einmal

Ein Bewunderer mönchischen Wasserbaus

»Sie lockten die Tiere des
Waldes nicht an mit ihrem
Gesang so dass man die vor der
Kirche leicht hätte packen
können an ihrem in Andacht
gebeugten Hinterlauf

Die gebratenen Pfauen flogen
gewiss nicht von ihren
Tischen um sie zu retten vor
Völlerei

noch erröteten ihre Leichen in der
Freude aufs Paradies

Nicht einmal Krampfadern oder
Besenreiser konnten sie weg
beten nirgends reichte es hier zur
Seligsprechung«

Aber wie sie das Wasser durch
steigende Landschaft zum
Kloster führten dies grenze
nah ans Mirakel

Zuweilen scheine es bei allen
Heiligen als flöss' es wahrhaft
bergauf

Putzete – Officium rivi

Wenn Wasser nicht betet
soll's arbeiten

Wiederkehrend von Jahr zu
Jahr die Reinigung dieses
Mühlbachs von Schwemmsand und
Erde

Was immer die Mühle
verlangte es galt dem
Sinnbild zu wehren

das Bachbett ein
Lotterbett voll Unterspülungen
Kolken Verlandungen

Selbst im gepflasterten
Lauf beginnt's zu
mäandern zerwirbelt die
Säume vermaledeite
Abweichung

Die Körperkanäle der fleißigen
Pfründner dankbar
gefüllt mit Wein

Brunnenkapelle

Leergeräumt das
Gewölbe und fort der dreischalige
Brunnen als hätte man Bleikugeln
gegossen für Schüsse vom
Wehrgang

Das Geheimnis des bleiernen
Wassers nahmen die
Brüder mit in das Grab das
Rätsel der fahlen Haut der
schwarzgrauen Verfärbung am
Zahnfleisch der Lähmung des
Speichennervs

Immer schwerer fiel's ihnen das
Zeichen für Trinken zu machen

ICH BIN DIE QUELLE DES LEBENS
schleichend vergiftend

Parlatorium Scriptorium

Ihr legtet die Fingerspitzen
zusammen formtet ein Dach das
sollte heißen ein Haus

Ihr ahmtet mit Händen den
Spitzweck nach (sah aus wie ein
Cunnus) das bedeutete Brot

Zeige- und Mittelfinger geführt an die
Unterlippe war essen

Lange Stunden des Tages
verurteilt zu schweigen habt ihr
geschrieben gemalt

Was floß aus den Tintenhörnchen an
flüssigem Gummi und Ruß an
Sud aus der Schlehenrinde zerstoßenem
blauem Stein es bleibt oft sprachlos

für uns gelöscht wie vom
Eisengallus auf unbeschädigtem
Blatt

Korrekt gewiss eure Rechnung über die
Fuder an Wein und Wildsauenfleisch dreißig
Zentner für die steinernen Rippen des Turms

Nur manchmal ahn ich die Warnung des
Zeigefingers im Mund
CAVE MENDACIUM
ACHTUNG LÜGE

Die ungeschriebenen Klagen gelegter
Bauern und niedergestreckter
Konversen Archive des
Schweigens

Dormitorium I

»Du bist mein Lagerkissen,
mein liebliches Bette,
meine heimlichste Ruh«:

die geistliche ferne
Schwester schwellend von ihrem
Gott

Hier bestiegen die Mönche den
Strohsack nach dem täglich
letzten Gebet verurteilt zum
großen Schweigen bis zur Vigilia

Das Schweigen aber misslang der
renitenten Natur sie seufzten sie
schnarchten sie sprachen im
Schlaf

Lässliche Sünden gebeichtet von
keinem

Was aber wenn sie Bleizucker
aßen das süßlich schmeckende
Salz von dem man flüsterte es
wecke die Sinnlichkeit hasenwild und sie
trafen sich heimlich auf dem
Abort

Dormitorium II

Dreimal im Jahr wird verlesen
ver-lesen allerdings nicht
als wärs eine Täuschung der Augen
verlesen als hohe Pflicht

dass alle schlafen wenn möglich
in einem einzigen Raum
darin brennt ständig die Lampe
ein blakender Kustos der Nacht

Bekleidet ruhen die Brüder
umgürtet mit Strick oder Gurt
die Messer haben sie nächtens
nicht an die Seite geschnallt
damit sie sich an der Schneide
nicht selber verletzen im Traum

Die Betten der jüngeren Brüder
stehn weislich nicht dicht bei dicht
denn zwischen ihnen liegt achtsam
ein älterer Bruder und wacht

Sogar den Friedenskuss küssen
war wegen des Satans List
nur nach dem Beten erlaubt

Der Abt in heroischen Zeiten
ein Inquisitionsoffizier
durchstöberte häufig die Betten
sie waren beliebtes Versteck
Nicht Spuren der feuchten Träume
sucht' er mit tastender Hand
Kein Eigentum sollte es geben
nicht Griffel nicht Tafel nicht Buch
»Es sei allen alles gemeinsam«
Das sei für jeden genug

Urbar

*Gewidmet den Bauern von Plankstadt, die sich
1293 erbittert und erfolgreich gegen die Verwandlung
ihres Dorfs in eine Grangie des Klosters Schönau
wehrten*

DER Händler und Wechsler aus dem
Tempel vertrieb mit der Peitsche
Christus
er wurde nur dreiunddreißig

Wie um jenes Alter zu
ehren setzt Benedict bei dieser Ziffer den
eichenen Spaten an

»Vor allem das Laster des
Eigenbesitzes muss aus dem
Kloster mit seiner Wurzel
gerodet sein«

Es spotten laut die Kataster:
Zu seiner Blütezeit hatten die
Äbte des Klosters zu B. sich

knapp an die 6 000 Hektar
unter den langen Nagel gerissen

Die freien Bauern
vertrieben verknechtet die
Höfe geschleift

Sieh die brutalen Gesichter der
Äbte mit doppeltem Doppelkinn
wie Holbein sie festhielt

Im Zweifelsfall hieß die Maxime

»Sollte dein Bauer lachen
dann reiße ihm einen Zahn
Sollt er noch einmal lachen
dann schieße ihm in die Knie«

Schatzkammer

»Hüte meine Schafe« hieß der
Befehl des Herrn in der
Bibel an geistliche
Hirten

Das gätliche Werkzeug dafür die
eiserne Schippe am Haselstiel um
Erde zu werfen nach Tieren die
wichen von ihrer Herde

samt Haken um sie zu
packen am Hinterlauf und um zu
prüfen weshalb sie
hinkten

Die silbernen goldenen Stäbe der
Äbte eingerollt oben wie
Schnirkelschnecken taugten
nicht dafür

Sie funkeln und blenden und
zeigen den Weg zu falschen
Pferchen noch
immer

Prosaisches Fundstück 1864

Die Kleidung sei einfach und wohlfeil,
ohne Pelz und Unterkleidung
Ordensregel

Ich besitze ein Bette nach Ordensregel
eine Decke von Pelz und zwei von Wolle
drei Kopfkissen mit dazugehörigen Überzügen
von Leinen
eine weiße Gugel und zwei schwarze
zwei Tragröcke, einen Pelz, drei Nachtröcke
zwei Paar Sandalen nach Ordensregel
drei Barette und eines mit Pelz verbrämt
drei Paar Schuhe nach Ordensregel
ein Paar Stiefeln ein Paar Pantoffeln
zwei Skapuliere mit Kapuzen
einen Tisch einen Kasten
zwei Büchsen einen Krug einen Becher
sechs Nachtmützen zwölf Schweißtüchlein
zwei Tücher zum Rasiren
ein Paar Beinkleider nebst Wams
einen Mantelkragen
einen Rosenkranz von Korallen mit silbernen
Teilzeichen

34

einen hölzernen Becher zwei Paar Handschuhe
einen Sessel mit Schemel
einen Schreibzeug, eine Handlaterne
einige Bücher und drei Gemälde
eine Scheere einen Gürtel mit einem Messer
drei Gürtel zum Skapulier
einen Pult
Noch ist einiges andere da
was wie ich glaube nicht verzeichnet zu werden
                                    braucht
Gleichwohl bin ich bereit Euer väterlichen Ehrwürden
alles vorzuzeigen mit der demüthigen Bitte
zu sämtlichen oben verzeichneten Gegenständen
die Zustimmung ertheilen zu wollen

Der Mönch Michael Schwartzenberger 1531
an den Bebenhäuser Abt

Nachschrift des Lesers

Weshalb flohen die
Laienbrüder jahrhundertelang zu den
Bettelorden?
Waren die Bettelsuppen denn
fetter? Die Arbeit
leichter?
Waren Konversen die wahrhaft
Bekehrten die besseren Mönche?

Sculpa

Auf dieser Platte mussten sie
knien Gott weiß was bekennen

Unkeusch gewesen betrunken die
Kellertreppe hinuntergefallen den
Küchenmeister bestochen heimlich
gegessen die Klosterkatze
gekreuzigt die immer wieder ins
Brotgetreide geschissen

Ohrenbeichte in
aller Ohren und Absolution und
Buße

Als Kind einer Epoche voll
terroristischer Selbstkritik
hofft man sie mussten nicht
Sünden erfinden

Winzige Spuren der
Abnutzung auf diesem harten
Quadrat sichtbar zu machen mit
Ruß oder Blut

Fideles Kloster

In einem Kloster Ungenannt pflegten die
Nonnen

wenn eine von ihnen der
Stimme von Mutter Natur heimlich
gefolgt war und niederkam

sie zu besuchen im Wochenbett mit
Speisen und Bädern zu karessieren und zu
beschenken

Der Wein floss man aß und
trank und war gerne da und
drauß in der Welt da tanzten die
Frauen nach solchem Kindbett
mitunter über die
Häuser

von Wehen zu Schneewehn aufs
Strohdach und drüben wieder
hinunter

Wie groß auch die Freude der
Schwestern über das neue
Leben war

zur Aufrechterhaltung der
Ordnung wurde die stillende
Sünderin im Kapitelsaal sanft
gestäupt

Drei Schläge mit einem
Fuchsschwanz der immer bereit
hing von jeder

Das nenn ich gerechte
Strafe

Nur keine Affenliebe

Für 7. März 7. Juli und
6. November schlägt ja
schlägt die Legende des
Benedict in dreifachem
Takt folgende Strafe bei
Mangel an Einsicht vor

Knaben und Jugendliche sollen für
schlimme Verfehlung mit strengem
Fasten oder kräftigen
Rutenschlägen bestraft sein

»Denn wer sein Kind liebt der
züchtigt es«

Aufgemerkt Hosenspanner ihr
Mixas der Welt dürft ein
gutes Gewissen haben denn
lustig ist das Zigeunerleben und
was heißt denn schon Affenliebe

Hat sich denn nicht gezeigt dass
unsre Brüder in Christo die
Bonobos und Schimpansen den
Kleinen was »hinten vor« geben
wahlweise ein paar saftige Watschn

Oder nehmt zu eurer Entlastung das
Beispiel der Mönche in Japan
Dort kann der Meister dem
Schüler jäh einen Hieb mit dem
Stock geben

allerdings nicht zur Strafe sondern zur
Förderung von Erkenntnis

Kreuzgang

Unter den abgetretenen
Platten liegen sie namenlos
aber wie aufgeschlagene
Bücher sobald die Steine sich
heben

Wie Gottes Finger däumelt die
Nadel des Forschers in ihren
Gebeinen sagt wahr

Der Schmelz des Gebisses
schmelzend verrät das
Wasser der Heimat

Die Kerne der Zellen und ihre
Kraftwerke die Mitochondrien – das
einzig Weibliche unwissend an ihnen
geduldet außer dem Kuhleder der
Schuhe –
sie weisen auf die Verwandten die
unter uns überleben

Dies ist die Auferstehung des
Fleischs durch die Knochen lang
vor der Posaune des Jüngsten
Gerichts

Silentium – Eine Moritat

Dem Schweigen zuliebe verzichten
sogar auf ein gutes Gespräch
das lehrt im 6. Kapitel
der Weise von Monte Cassino

Bei Leisten Bürsten und Creme
fand ich eines Tages ein Buch
mehr eine Buch-Ruine
zerschrammt von den Ackerschuhn
in einer Kammer am Stall

Es war »Die Nachfolge Christi«
erhalten das Titelblatt

Besonders zerlesen die Seite
wo Thomas a Kempis das Schweigen
über die Maßen pries

Durch wechselseitiges Reden
solle Trost in die Herzen ziehn

Aber ach oft sei es vergeblich
denn diese äußere Tröstung
sei ein gewaltiger Schaden
der inneren göttlichen Tröstung

Babette Schmitzer aus Schlierberg
die Großmutter vaterseits
war Eignerin dieses Werkes
es stand auf dem Vorsatzblatt

Sie litt vielen Kummer im Leben
durch Schweigen häufig bestraft
wie eine sündige Nonne
unschuldig unwissend warum

Die Schwiegermutter Sophia
von göttlicher Weisheit fern
verhetzte sie bei den Männern
die heimgekehrt von den Feldern
oft tagelang trutzten mit ihr

Warum sie das »Hämmerchen« Kempis
versteckte im Schuhkämmerlein?

Las sie beim Putzen der Schuhe?

Rumorte im Hirne der Satz
»Ich bin es nicht wert
Ihm zu lösen die Riemen
an seinem Schuh«?

Als Sohle das Buch
für die Wandrung
hinauf in den Himmel zum Herrn?

Zu ihrem gefallenen Sohne?

Sie hatt' ihn vor anderen gern

Glacial

»Ach Euer Merkwürden wie
eigenartig
Mit jenem ketzrischen Augustiner-
Mönch aus Eisleben setzte die
Kleine Eiszeit ein«

Der Wein aus den Lauben
immer saurer das Obst
herber als sei's von Wald-
Bäumen beschattet und
voller Faulbrut die
Bienenkörbe

Die Mönchschaft
spaltete sich wie ein
Stamm vom Sturm auseinander
gerissen

Im Wappen des letzten
Abtes wie sinnig drei leere

Joche als hätt im Gewitter der
Hagel die Ochsen-Gespanne erschlagen

Nun aber heizt es uns
ein
der Imker spannt seinem
Volke den roten Sonnenschirm
auf sonst kommt es vor kühlendem
Fächeln nicht mehr zum
Sammelflug

Fauler Atem

»Dem heiligen Bernhard stank
endlich von seinem unendlichen
Fasten der Odem so übel dass
niemand bleiben mochte um
ihn«

stänkert das sanft lebende
Fleisch aus
Wittenberg

Kann das was solche
Kloaken der Leere
inwendig erzeugt etwas
Gutes sein

Die Mädchen die heute am
Hungertuch nagen verstehen das
Desodorieren geruchlos zu
sterben das ist der
Fortschritt

Ich kenne wen der die
Ordensregel halbiert hat
nicht betet doch arbeitet und
seinen Garten bestellt
schwitzend und essend die Gattin
erzürnt

»Sommerstinker« schallt's über den
Zaun

Sie konnt ihn wohl
niemals riechen da
liegt der Has im
Odol

Prunkjagd 1814

(Gemälde von Johann Baptist Seele)

I

Ein riesiger Trichter mündend in eine
Arena voll Pomp

Gescheucht von den Treibern stürzen die
Hirsche die Rehe die Sauen
gestreckten Laufs in den Tod

Die Saufedern schreiben mit Blut leer
gefegt sind die Wälder
Rüssel an Äser an Schnauze die
Strecke im Massengrab

Und irgendwo auf der Tribüne der
der dicke Friederich

um den einst herumging
ein Kaiser voll Staunen wie über die
Maßen sich dehne parbleu die menschliche
Haut

Kein Zweifel: viereinhalb Zentner
betrug das Lebendgewicht

Das war der fetteste
Keiler Diana floh ins
Dickicht

II

Andre Jagd gab es zuvor da wurden laut
Waidbuch genetzelt an siebeneinhalb-
hundert Stück alle auf einen
Streich
Rehe rund 210 (in Worten zweihundertzehn)
Sauen an 230 (richtig zweihundertdreißig)
an Hirschen sag es und schreib es zu
dreihundert fehlten nicht viel

zwar noch in Handarbeit
alles doch die Gestreckten sahn aus
den blutigen Bruch in den
Mäulern als hätte ihnen geleuchtet die
Waffe der kommenden Zeit die
schreckliche Mitrailleuse

Aus seiner Decke geschlagen fiel jede
Menge an Fleisch an ein paar tausend
Zentner gewiss

Jedem Treiber sein Stück
Wild in den kargen Topf?

Trotz seines Magens so tief wie ein
Abgrund der Fresser unter der
Krone konnt' nicht verschlingen
allein was er gemeuchelt mit
Lust

Öffnete man die Kammern in denen das
Wildpret abhing zog durch das ganze
Reich süßlicher Aasgeruch

Rug-Akten

Während wir rasten bei Mörikes
Ruh repetiert Meister Bertram die
Taten des Nimrods Friedrich wie aus der
Büchse

»Er dieser Fleischberg war der
Meister der hiesigen Massenjagd und die
Schutzpatronin Diana verglichen mit
ihm war höchstens ne kleine Wilddiebin

Es ist kaum zu glauben – zehntausend
Männer hatten je hundert Tage im Jahr
strengen Frondienst
hinter jedem Bäumchen ein
Treiber

Doch wehe wenn sie für sich ein
Häslein fingen ein Rehlein
wilderten Reisig ein kleines
Bündelchen schnürten dann
wanderten sie ertappt ins neue

Schreibturm-Gefängnis der
Förster war zwanzig Stunden am
Tag auf der Menschen-Hatz«

Der Blick auf den Jagdsitz im
Tal geöffnet gleich einem
Schuss-Loch

Gefängnis im Schreibturm

Übrig geblieben die Blöckleins-
Treppen die Tritte diagonal aus
Vierkantbalken gesägt billige
Zimmermannsarbeit

wer hätte denn Schreiner
bemüht für das räuberische
Gesindel

Im Kerker die folternde
Langeweile

die Kreuzrippen zählen das war
schnell geschehen

bei den eigenen Rippen gings etwas
länger sie traten ja immer
schärfer hervor

Sitzen war mühsam der Hintern
schmerzte von Schlägen mit

flacher Klinge des Waidmessers
(der Sünder dabei quer übern
Leib eines toten Hirschen
gespannt)

Solides Handwerk die eichene
Tür kräftig mit Eisen beschlagen

Die Klappe für Wasser und Brot zu
hoch um gezielt einem Wärter aufs
Maul zu scheißen

Vergrämung

»Er raacht wia a Hirscha-
hüater«

Spruch meiner Mutter in der die
biblischen Plagen durch gehätscheltes
Wild als blauer Dunst überlebten

15 Verscheucher hielt sich das kahl
gefressene Waldenbuch
gehüllt in Kanasterwolken gegen die
Blutsauger jeglicher Art die Hirschereien und
Sauereien Rauchen als einzige
Waffe

»Fünfzehn?« knurrte der Fürst auf die
Klagen der Bauern über dies nutzlose
Menschen-Geweih
»Fünfzehn? Die Zahl gibt's nicht es
gibt nur ungrade Sechzehn!«

Blätternd im Bilderbuch
üben unsere Jüngsten mit
schwerer Zunge die Zielansprache der
Wilderer

»Ein Häh«
»Ein Leh«

»Ein H ä h«
»Ein L e h«

»Ein H ä h«
»Ein L e h«

Mörike in Bebons Tal 1874

Eine Phantasmagorie

Da geht er vor mir mit Schwester und
Tochter den Schirm über der
Schulter frisch getrennt von seinem
Gretchen die schmiss sich nicht in den
Graben die gab ihm den Laufpass nach
Fellbach müde des Triangel-Spiels mit dem
Clärle

Und wie er so steht vor dem
Steinbruch aus dem das Kloster
gebrochen fällt es ihm ein wie er
brach mit seinem Luisle wie er sie
führte in einen Wald sie zwang
zitternd nieder zu knien den Kragen
zurück zu schlagen wie er sein Messer
zog ›Ich schneid dir den Hals
ab‹ und wie er Schritte hörte das Messer
einsteckte sie um Verzeihung bat

Wenn er das Weibsvolk los ist
schlägt er der scheints kein Wässerchen
trüben konnte sein Wasser ungeniert an der
Kirche ab singt laut auf bäurische
Weise
»Mein Glaub ist meines Lebens Ruh
und führt mich deinem Himmel zu
Den Sporn vo Bäbahause
muaß i au amol wieder woiche
den brunz i voll dass pflatscht
o Gott an den ich glaube
und den mir niemand raube«

In der Nische des Schreibturms
heult dazu ein Hund

Gedenktafel

hes Stuttgarter

nterm
uard
doch

Ställe und
n
n

er
tinkend
ge Pfarrer ein
en

eich
n so wie die

Wahrscheinlich hätt' es das
Biedermeier ein wenig gelüftet
gebrochen«

MS versus V I
Zwei Ferndiagnosen bei E. M.

An schwerer multipler Sklerose habe der
Dichter gelitten
Latrinengerücht aus dem Minzen-
mund einer Expertin

Hatte er Augenzittern Intentions-
tremor die Sprache skandierend
silbenweis abgehackt?

Skandieren mochte er wohl wenn er
Verse probierte

Und seht euch die Zeichnung des
Klosters an zwei Jahre vor seinem
Tod
»Bebenhausen den 21. Juni 1874
Morgens 10½ Uhr«
Kerzengerade Striche ganz
gewöhnliche Schrift

An Bedrückungen vulgo
Depressionen glaube ich
gern er hätte gelegentlich
Stimmungsaufheller gebraucht wenn er
die Sonne unmutig
»a Rauth-Schtrunsel« nannte den Mond
»an grünschissige Blitz an unnaitige
Zinnteller«

Recipe gelbes Johanniskraut a
bisserle das wächst hier im
Garten Salat oder Tee (bei Aldi gibt's das
als Pillen)

Eine MS daran glaube ich
nicht

Eher V I Vis Inertiae wie er es
nannte die Kraft eines Schwachen
Doch nie Iners versus ohne
Kunstgeschick (so übersetzt im
kleinen Stowasser)

Neue Bilder aus Bebenhausen

*»Das ist ja Mörike voll auf
Krawall gebürstet«*

Nun nun zuweilen war der
Talar wohl etwas befleckt wenn
er und die Mädle »net
aufpasst hen«

Ja ja so ist die
Lieb mit Küssen nicht zu
stillen

Dann bedurfte es einer
rauheren Bürste und
staubte

Und sein Gesicht
ein Schmuckziegel zum
Feierabend ein roter
Pausback der hundert
Jahre auf einem First saß

Man braucht eine
eiserne Bürste um Ruß und
Patina zu entfernen

Was da schwarzgrau zu
Boden rieselt ist wie das
Pulver verblichner
Salpetersieder

König Karl

Er war von geradezu majestätischer
Faulheit zuweilen lagen 800 Urkunden
ununterschrieben auf seinem
Schreibtisch wohl eine weichere
Unterlage wenn er mit seinem
geliebten Charles Woodcock
vögelte Regent mit dem milden
Zepter

Was war denn dabei wenn er mit
Mister Holzhahn im Partner-Look
ausfuhr wenn er ihm Geld
schenkte wenn er die Ständer-
pardon die Standes-
Erhebung vornahm der
Amerikaner war doch der geborene
feuchte Kammer-Herr

Bebenhausen bebte vor
Lust es war so süß wie
Zibeben was musste der finstere

Mittnacht der Schleicher das
petzen bei Bismarck

Geschlagne fünf Jahre und
alles vorbei die Wälder trauerten
anders als unter dem Schlagetot
Friedrich der selber schon
Männer liebte zu aller
Erstaunen niemanden
totdrückte

»Es isch no koi Maus unterm
Heuhaufe verschtickt« sagt
keusch der schwäbische
Volksmund

Stoßseufzer der verschmähten
Königin Olga zu Bebenhausen

Verspottet geh ich den
Spötterweg und durch meinen
Hain

Steige zum Beine
brechen

Die Klingen der
Bäche wie scharf

Und SEIN Begehren tot wie die
ausgemergelten Tongruben

Die Wegschnecken abgeschnittene
Buabaspitzle
schamrot

Es lebe die Liebe zum
Nächsten in den
Spitälern

Karl Wilhelmowitsch
job twoju matj

Vorbild spartanisch

Wilhelm der letzte
König von Württemberg aß wie ein
einfacher Mann

Schützenwurst mit Kartoffeln und
Quark seine Lieblingsgerichte

In den Steckrübenwintern von
17/18 bestand er darauf nach
Essensmarken verpflegt zu werden wie
seine Untertanen

Wäre da nicht Charlotte gewesen die
Königin er hätte beinah gelebt wie ein
Mönch

Kräutergarten

Schwarzer Holunder und Raute und Dill
Majoran Liebstöckel Kren

Von Schildchen stehl ich mit
Augen die Namen

Thymian Rosmarin Beinwell
Teufelsdreck Gottesgnadenkraut

Kühner werdend streif ich die
Samen in meine Taschen

Beim Muskateller-Salbei den mir
zu Hause die Schnecken fraßen
juckt mir die Hand

Da will ich mir nachts einen
Ableger holen mit meinem
Schäufelchen

Denn alles was heil macht gekauft
nicht gedeiht was da ist im Überfluss
darf man sich nehmen hör ich den
Eulenspiegel vom Brunnenhaus wenn er
die Gräser bewispert

Brüder auf Reisen

Kehrn Brüder von Reisen zurück
nehme sich keiner heraus
einem andren zu sagen
was er drauß in der Welt
alles gesehn und gehört hat
denn dies richte den
größten Schaden an

(Weisung des reisigen Benedict
im 67. Paragraphen)

Auf einer Bank nahe beim
Kräutergarten sitzt ein Besucher und
ruft auf dem black berry oder dem
blue tooth die Nachrichten ab oder
befragt das Internet

Ich kenn mich mit dieser Art
schwarzer Beeren und blauer
Zähne nicht aus aber kein

Zweifel wir werden langsam
allwissend und sagen das
Wissen weiter

Als Kinder wussten wir nur
Schwarzbeeren machen die
Zähne blau

Über so viel Einfalt lachen sich
unsere Youngsters die Hucke
voll

Sie lassen sich nicht mehr zum
Krämer schicken um ein paar
Päckchen Ibidumm oder Haumiblau

Sie geben bei Google das
Stichwort ein wissen
Bescheid

Der Mann neben dem
Kräutergarten steht auf
steckt sein schlaues
Gerät ein schreitet scheinbar
gestärkt von dannen

Brautpaar im Anzug

I

Traut euch nur gehet ein durch die
enge Pforte

Die Braut im weißen Habit der
Novizin stöckelt über die
Katzenköpfe als wollten sie
beißen

Legt ruhig euer Gelübde
ab »bis dass der Tod euch
scheidet«

Die Chancen dass ihr bald
mönchisch lebt in der
Ehe oder gar auseinander
geht statt ein Fleisch zu
bleiben stehen mit Glück
eins zu zwei seltsame
Dreifaltigkeit

II

Immer soll mir als Beispiel
dienen der wilde Mann unter der
Treppe der Kanzel wie er so
ruhig hält was ihn drückt die
Last die ihm Halt gibt in der
schwankenden Welt

Karyatide des JA-Worts vor
diesem Altar

Bräute am Küsswetter-Tag
7. August 2010

Eine schulterfrei hat ein
Tattoo auf dem Rücken schwarz
riesig verschnörkelt es könnte die
Buchmaler entzücken zu einer
Initiale A wie Anfang

Die andere mit einem göttlichen
Busen gestockte Liebfrauenmilch in
perlweißen Schalen dass die
Gebeine der Mönche sich
regen und sich die Abtskrümme
entrollt

Und erst die Rundungen ihrer
Karosse im Focus der
Linsen so geil dass Elia sogar auf dem
Feuerwagen erbleicht

Pistrix
Erinnerung an eine Klosterbäckerei

Muss auf muss auf
muss über dich
muss dich herumkapellen
dass dir dein Leib tut schwellen
Backtrog-Spruch

Emmer-, Dinkel- und Roggenlaibe
warm auf den Brettern hinter der
Bäckerin

Saatkorn gemahlen genetzt
ausgehoben der Preis des
Brotes

Ihr Leib aber ein
Weizenhaufen hinter der
Schürze

Im dunklen Haar unter der
Haube schimmern Fäden schon
weiß wie Mehl

Flashback
Heilig-Geist-Kirche Dinkelsbühl

Auf die Empore dieser Rokoko-
Schachtel gefesselt durch unsere
protestantische Gregorianik und
gehalten unter die Predigten des
Pfarrers Lämmerzal

Er bläute uns Tugend in unser
sündiges Fleisch während der
heilige Vogel über ihm
schwebte in diesem vergoldeten
Taubenschlag

Dem Schüler Einkorn hatte er damals die
Zunge versiegelt
Dem gab er (Familienvater fünf
Kinder) kleine Briefe mit für einen
fremden Körper aus Feuchtwangen eine
ledige Bauerntochter die schöne
Hilde

Kaum werden es Himmels-
Briefe gewesen sein

Es waren wohl billets doux die man
gewöhnlicher Post nicht
übergeben konnte

Der kleine Postbote hätte das
Schicksal des schwarzen Manns in der
Hand gehabt hätt er ihm einmal die
Kutte gelupft den Umschlag über ein
Dampfbad gehalten

Fahrschüler läutselig
Westportal St. Georg Dinkelsbühl

Jahre verwartet die Mappe am Fuß des
Gewändes bis endlich sie kamen – Kniewasser
Allgeier Trump Vollmond – die Postillone

Hungrig – *nix zum kahla* – unter dem steinernen
Mann der gab dem schuppigen Hund Eisen zu fressen
Oben der Dohlenschrei hart Klacken von Billard-
Kugeln unten das Zupen von Schussern eingelocht
mit dem gekrümmten Zeigefinger *ebbre lusch*
immer *lusch der Lokohn* der Bauer unter der
Mütze den Wasserspeiern

Die Schneebälle steigen lassen die Wurfparabel im
hächsten Punkt an den Turm gelegt *die Kohna
die Tschaia* immer vorbei sommers wie winters
Schön im Sommer die Wadenmuskeln die kleinen
Brüste des Beins und schwebend die Schönste aus
Morgenland ein Pfingsttag im Frost

Da sprangen die eisernen Blumen die Pforte
auf und tiefe Diener am Glockenseil und gegen
Ende ein paarmal emporgehoben bis unter die
Decke

Läutbuben in B.

In den vorderen Bänken der
Kirche lauern die Enkel aufs
Ende des Läutens

Sie warten darauf sich von den
Seilen hochziehn zu
lassen zu Himmelfahrten mit
Zwischenlandung

Nichts einzuwenden bei
Kindern

Wohl aber bei den
Erwachsnen

jäh wird die Glocke
gebremst und Risse drohn dem
Metall

Nie wieder diese Erhebung fünf
Meter über dem Grund das
Seil im Kletterschluss zwischen den
Beinen

Unter Dachdeckern

Nahe dem Infirmarium riesige
Stapel von alten Ziegeln

kranke gesunde hinauf oder
herab wer weiß es

Jedenfalls einfache
Biberschwänze

Behüte Gott dass da Mönche und
Nonnen einander beilägen

Bescheiden bin ich wie eine
Flechte

Gibt man mir keinen der
grünen Ziegel vom Abtsturm
wächst einer der roten mir zu

für den zerbrochnen auf unserem
Gartenhaus nützliches
Andenken

Denn wenn er nicht
passt schneid ich ihn
zu mit dem Flex

Hauptsach die Nase
klammert sich fest an der
Latte ich bleibe im Bette vor
Gottes Regen bewahrt wenn's
wieder mal schifft

Wehrgang

Endlich haben die Mauern
Frieden gefunden

Es formen zu ihren Füßen
Tomaten und Kürbisse bloß ihre sanften
Geschosse und die Sturmleitern
kriecht nur der Birnbaum
hinauf

Beim Friedhof schützen die
bröckelnden Steine gekreuzigte
Lüge
WIR STARBEN FÜR EUCH
(die Toten der letzten zwei
Kriege)

Für nichts seid ihr tapferen
Bebenhäuser gestorben und
kriegtet wenn's gut ging ein
Grab

Vor seinem Kobel ein
Star singt sich die
Seel aus dem
Leib

Traumdeutung

In einer der guten Lagen am
Abtsturm in dem zugange war
König Karl mit seinem Maschinenmeister

im Schutz hoher Mauern mit den
kurzen dicken Kanonen dort
haust mein italienischer Zahnarzt

In seiner Praxis umgeben von steilen
Zähnen den Sprechstundenhilfen gesteht er
während er mir eine Krone einsetzt den
wiederkehrenden Alptraum

Schießen muss er wie früher beim
Bund stets war er ein guter Schütze
(der feinschlägige Tremor bei den
Chirurgen den Uhrmachern usw.)
und jedesmal fällt das Geschoss
kraftlos zu Boden »ein kleiner
Seichbogen« wörtlich

»Oho« denk ich bei mir unfähig zu
reden weit aufgerissenen
Munds

»Ein Mann in dem besten
Alter schlank drahtig braungebrannt
reich und solche Ängste des Nachts
Wer verliert denn hier seine Zähne?«

Ich könnte ihm sagen was solch ein
Traum wohl bedeutet
aber ich bin sehr diskret und ich tu's nicht
er ist so freundlich und tüchtig

Tier mit zwei Rücken

Ein Freund ein großer eifersüchtiger
Freund Bebenhausens (ein Bild des
Klosters an seinem Küchenbuffet)
plaudert es aus er habe am Hang
überm Ort seine streng katholische
Liebste einmal ins blühende Moos
gelegt
tandaradei

Sehr erstaunlich
doch selbst bei den
Begierden des Fleisches das räumen die
Väter ein sei Gott ja stets
gegenwärtig

Als die beiden gerade im besten
Zuge warn preschte ein
Reiter an ihnen vorbei und hätt sie
so niedrig sie lagen fast
niedergeritten

So verblüffend das Ganze als wäre ein
wiedererstandner Zentaur über sie
weggaloppiert ein Doppelwesen aus
Hirsch und Mann grässlich zusammen-
gebunden auf Fürsten-Befehl

Inzwischen geht er mit seiner
Holden nur noch spazieren büßt
humpelnd vergangene Lust eingedenk
heiliger Schrift
»Lauf deinen Begierden nicht
nach«

Milane

Über dem Hügel die luftige
Architektur ihrer Flüge

»Wenn ihr ne weiße Maus
hochwerfen würdet« (sag ich den
Enkeln) »vielleicht würden sie
niederstoßen vielleicht
könnten sie sie als Beute gar nicht
erkennen«

»Warum sagst du manchmal
Gabelweihe« fragen sie mich

»Über den Klöstern« (scherz ich)
nennt man sie so sie weihen die
Gabeln und haben die ihre
immer bei sich wie ihr euer
Schweizer Messer

Doch achtet im Ernst auf die
Lücke in einer Schwinge die
Mauser hat angefangen

Wie weise hat die Natur es
gerichtet dass Feder um
Feder nur fällt

Man kann auch sagen wie
grausam denn Vögel die ihr
Gefieder verloren wie seine
Nadeln der Weihnachtsbaum
saßen verhungert im Nest

Und denkt als den Zisterzen die
Laienbrüder die Handschwingen
ausgingen da war zuend ihre Zeit«

Frage der Enkel auf einer Weiherkrone

»Warum heißt der Mönch eigentlich
Mönch? Er trägt keine
Kutte?«

»Jungs ich fürchte er heißt
so weil er nur Wasser
lässt doch wenn er's
getan hat dann ist gut
fischen«

Ich glaube ich bin nun
selbst unter die Mönche
gegangen

Zwar bin ich noch halb-
wegs am Damm ob
später freilich etwas im
Kescher zappelt das weiß der
Himmel

Altes Gebot

Ruhen soll in der Woche vor
Ostern die Erde

Nicht gestört soll werden die
Ruhe des schlafenden
Gottes

Aber erlaubt muss es sein das
Laub zu heben wenn es so
raschelt die trockene Gerbsäure
eichenblattrandig

Schicht –
ein Maulwurf? –
um Schicht –
eine Wühlmaus? –
abgetragen

Nein ein Igel kopf-
unter

zusammengerollt der
Dornenkranz über den
Beinchen

Schon ist umgeschaltet auf
Frühlingsatmung im kühlen
Windhauch

Keine Anstalten macht der das
Nest zu verlassen in
Stunden während ich Himbeerruten
anbinde mir ihre Stachelns ins
Fleisch drücke

Über Nacht erst räumt er das
wärmende Grab
Mit den letzten
Reserven:

Er ist wahrhaftig
auferstanden

Schwieriger Weihnachtsbrauch

Heinrich Seuse
(er liegt und fault
nach der Redeweise der Alten)
er teilte das Obst
wenn ers überhaupt aß
immer in vier gleiche Viertel

Drei davon weiht' er der Trinität
das vierte jedoch der Minne
in der die Madonna
dem himmlischen Kind
die Äpfel reichte mit Wonne

Den Teil den aß er
(im Alter gewiss gesegnet
mit wackligen Zähnen)
mit Schale wie Kinder es tun
unfähig ein Messer zu führen

Von der heiligen Nacht an
verschmähte er ihn
und bot ihn Marias Söhnlein

Was aber geschah
mit seinem Geschenk
dem Vierling dem verwaisten

Vertrocknete oder verschimmelte er
oder räumten ihn Brüder beiseite
als hätte Maria mit schneeweißer Hand
selbst zugegriffen von oben

Kann sein er ersann ein kluges System
ein Riese der Apfel-Bruchrechnung

Denn alle vier Täg war ein Ganzes bereit
zusammengesetzt aus vier Vierteln
und eins davon ließ sich opfern erneut
ganz leichten Herzens und Magens
Bis heilig Dreikönig hielt er daran fest

und so klein zu sein scheint die Gabe
sie dünkte ihn kostbar wie Myrrhe und Gold
die die Weisen aus Morgenland brachten

Aus Furcht er suche zu sehr seine Lust
an den süßen Früchte der Erde
hatte er sie aus der Schüssel verbannt
und dies für zwei lange Jahre

Postscriptum

Er war ein Mann des
»mit Stumpf und Stiel«
ein Faster kein Kostverächter

doch ob er bei Kernobst
den Butzen mitaß
darüber schweigen die Quellen

Vorchristlicher Tod
(Volterra)

Charun der Fährmann zur Unterwelt
den Etruskern ein flippiger Bursche

Sie zeigen ihn grinsend mit flottem Bart
mit Ohren- und Nasenringen

mit farbigen Klunkern die bei der Fahrt
auf Lethe und Styx leise wippten

Wahrscheinlich riss er beim Totenfest
dreist Witze fuhr Schlangenlinien

Er kehrte im Scherz ein kleines Stück um
und machte den Toten Hoffnung

Ganz rätselhaft dieses versunkene Volk
mit seiner verschollenen Sprache

Die Botschaft des Charun lautete wohl
Der Tod schmerzt nicht mehr als ein Piercing

Der Teufel geht leer aus

Schon immer wurden die Schreiber gestört
von den kleinen Tieren der Tiefe

Hildbertus der Mönch warf den Schwamm
nach der Maus bei der Abschrift des »Gottesstaats«

Im Gartenhaus meinem Scriptorium
erschreckt mich ein fallendes Päckchen

Ein Ziesel tat es ich sehe ihn jetzt
auf dem Lautenhals frech balancierend

Ich scheuche ihn die Mauer entlang
er flieht mit Salto nach draußen

Ins Papier hat er kleine Löcher genagt
vielleicht auch dies Zeichensetzung

Vielleicht ein Helfer fürs Jüngste Gericht
bei der Seelenwaage des Richters

Denn wieviele Punkte in einem Buch
soviel Sünden werden erlassen

An nackter Wand geht der Teufel hoch
mit schwarzgeärgertem Rücken

Beschwerde

»Mit Ihrem ewigen Mönchs-
Geschwurbel wissen Sie langsam
nicht mehr wo hinten und
vorne ist«

mault eine verdrossene
Leserin

»wo bleibt der poetische
Mehrwert«

Ganz ruhig Gnädigste

Ich schau den Daktylen
genau auf die Finger und
was z. B. a tergo heißt wie es die
Brüder auf Küchenlateinisch
nannten wenn sie den Braten
wendeten das haben ganz
andere Leute verschwitzt

Ich kenn des Hexameters flüssige
Säule nicht nur auch den
Hiatus den manchmal schmerzlichen
Einschnitt des Pentameters

sie gehen mitten
durch

Abt Muho ein schwäbischer Zen-Mönch zu Besuch in der Heimat spricht

»Einst hieß ich hierzuland
Nelke aber aufgeblüht bin ich in
Japan

Hauslosigkeit ist buddhistischen Mönchen
empfohlen also lebt ich ein halbes
Jahr obdachlos bettelnd in
Osaka eine Erfahrung sehr schön und
befreiend niemand kommt dort auf die
Idee in Mönchen Schmarotzer zu
sehn

Inzwischen leb ich im
Kloster vier Stunden täglich
Meditation gemeinsames Essen
Landarbeit und Gespräch

Meine Familie (Frau und zwei
Kinder) wohnt nahebei nur im

Winter wenn alles verschneit und
unwegsam sitzt sie in der
Stadt

Apropos sitzen
Wer im Schneidersitz Platz auf dem
Kissen genommen hat
muss sich noch nicht mal
entspannen man versucht nur im
Sitzen ganz da zu sein

Zen bringt nur dass du im
Augenblick lebst
Zen bringt gar nichts und genau
dies ist es«

Darwin als Fundament
Franz von Assisi als Stütze
Jurassic Park oder Garden of Eden, which came first?«

Frage 14-jähriger Schüler an einer nigerianischen
Secondary school, berichtet von Ako Amadi

Was denn zuerst kam
Jurassic Park oder der Garten Eden
ist eine Frage die man erlauben muss

Nicht gestattet ists solche Fragen
trefe zu nennen wie es die
Rabbis tun die behaupten die Welt sei
erst knapp 6 000 Jahre alt
deswegen könne es Saurier
ausgestorben vor Millionen von
Jahren gar nicht gegeben haben

Freilich hats auch den Garten Eden
niemals gegeben

Der Löwe friedlich neben dem
Lamm
ein Bild wie mit der Kralle
geritzt in silberne Tafel

Ein einziges Mal zu unseren
Zeiten wurde berichtet dass eine
Löwin für ein paar Tage ein
Antilopen-Kalb führte vielleicht selber
gerade ihrer Jungen beraubt oder
krank im Kopf und nach kurzem war die
Geschichte blutig zuende

Wenn Adam und Eva durch die Savanne
wanderten oder am Feuer lagen
mussten sie immer rechnen damit dass ein

hungriger Löwe sie riss von Polio und
Malaria gar nicht zu reden und all den
Desastern wie wir sie teilen mit unseren
haarigen Brüdern dem Buschfleisch

Wir sollen sie lieben wie wir
uns selbst
eine Liebe die schwer zu
machen ist solange der Mensch des
Menschen Wolf bleibt und Schlimmres

Doch andere Rettung ist
nicht:
Wir müssen v o r w ä r t s zum
Paradies

(und niemals schlechter die Aussicht)

Opus angelorum

»Junge Frauen mit
Fehlgeburten Bäuerinnen
Hebammen schwarze oder
gefleckte Katzen Zigeuner
sind oft von Dämonen
befallen

Vor allem aber die
Kinder die den Pfarrer
nicht ansehn können«

unerbittlich lehrt es die
neue Prophetin Bitterlich

Was tun mit all diesen
unreinen Geistern diesem
verratzten Zeug aus Teufels
Tiergarten?

Verbrennen ersäufen
erschlagen?

Wie gnädig

»Bloß beten zu vierhundert
Engeln nach den probaten
Geboten des Engelwerks«

Gern würde ich sie auf ein
Häutchen schreiben wie es sich
löst aus den Ohren
bisweilen es einfach fort
blasen

Heutiger Heiliger

I

Albert Schweitzer 1954
ausgezeichnet mit dem Pour le
mérite zeichnete anschließend unseren
Spitzberg aus indem er auf seinen
Wegen spazieren ging

Die Gastgeberin die ihn voraus
geschickt hatte fand ihn nach einer
Viertelstunde nicht weit
gekommen
Er bückte sich nämlich
dauernd nach den behausten
Schnecken

Geboren im Land der Schneckenesser
sammelte er eine Mahlzeit für
abends?

Weit gefehlt er setzte sie an den
Wegrand damit sie nicht
überfahren würden Ehrfurcht vorm
Leben

Aber so fragt man wo zog er die
Grenze?

Da wo es zu eklig war schleimige
Kriecher anzufassen?

Da wo die Tierchen fürs bloße Auge
unsichtbar wurden bei den
Mikroben zum Beispiel?

War denn in Lambarene das Penicillin
verboten?

II

Leben geht nicht ohne gewisse
Willkür und Kompromisse

Ich bin recht
pragmatisch

Die Nacktschnecken die
kopromorphen nicht anders die
Tigerschnecken fang ich in
Fallen mit Bier

Da sterben sie süßen Tod
hopfenbitter

Die Weinbergschnecken die ja
Gelege der hauslosen Basen
vertilgen lass ich in schwieriger
Balance zwischen Schaden und
Nutzen

oder werf sie im Zangengriff
pi mal Daumen über den
Zaun in die Wildnis

Gut schwäbisch ihr
Abschiedsgruß zwischen den
Fingern »Auf Wiedersäen«

Moderner Asket

Bedürfnisse spürte er
nicht mehr

allenfalls Schatten der
Sehnsucht nach Bedürfnissen

Es war eine Wanderung durch eine
wohltemperierte flache Wüste

Der Sand angenehm fest und
federnd

nur das rechte Bein schleppte er
etwas nach

Er trank zu wenig und aß lange
bevor er hungrig war

Und selbst die Fata Morganen lockender
Palmen-Oasen vergingen

Es war nicht
heiß genug

Beschluss

Vierzig Jahre erforscht' ich das Leben
des Forschers der taghellen Mystik

Ich wags kaum zu sagen dass drum
jemand mich Schreibermönch hieß

vierzig Jahr im Gehäus
wie Sanctus Hieronymus

Löwen hatte ich nicht
in meiner Souterrain-Zelle

doch eine getigerte Katze
lag oft vor mir auf dem Tisch

löschte mit ihrem Speichel
der aus dem Mundwinkel floss
nicht selten die Tintenschrift

In Bücher oder zu Boden
hatt ich die Blicke gesenkt

vor Schüchternheit eher als Demut
wie sie die Regel verlangt

Mutig war ich zuweilen
vor Fälschern und Pharisäern

leider auch wider's Gebot
voller Rachsucht und Hass

Der ehelich Liebsten (von je
in meine Malaisen verstrickt)
blieb es für immer fremd
so viele Feinde zu sehn
wie ich sie hatte ringsum

Wünschen möcht ich für sie
für mich und für künftige Zeiten

genau zu befolgen was uns
Benedikts Regel empfiehlt

›Hitzigem Temperament zum Trotz
sollt ihr der Zanklust nicht folgen‹

Geschieht es unverhofft doch
ehe die Sonne versinkt
folgt nur dem Dichterwort

Versöhnung sei mitten im Streit

Anmerkungen

Vor Ort am Steinbruch: rauhe Sperre – alte Fuhrmannstechnik, wenn das Gespann dem Schub der Lasten nicht gewachsen war

»leise« gleich »leise« – leise ist im Mittelhochdeutschen ein Homonym; es bedeutet sowohl Spur als auch geistlicher Gesang (Ablürzung von Kyrie-eleis)

Einschiffung von Calatrava: nach dieser Stadt in der spanischen Provinz Ciudad Real ist der 1158 gegründete Ritterorden benannt

Behaltet nur euren Turm: auf dem Fresco ist der Bebenhäuser Kirchturm nach Calatrava versetzt

Cordoba winkt: an der Eroberung des maurischen Cordoba 1236 waren die Ordensritter von Calatrava maßgeblich beteiligt

Mystik und Seifenmangel: das Motto stammt von der Zisterzienserin Mechthild von Magdeburg (1212–1277)

Aldous der weltlich fromme: Aldous Huxley, Autor der »Pforten der Wahrnehmung«

die Seele wie im Wasser der/Fisch sicher nicht zu ertrinken: nach Mechthild von Magdeburg

Brunnenkapelle: in vielen Zisterzienser-Klöstern standen dreischalige Brunnen aus Blei

Dormitorium: die ferne geistliche/Schwester – wieder Mechthild von Magdeburg

Dormitorium II: dass alle schlafen – s. Kap. 22 in der Regel des hl. Benedikt
Sogar den Friedenkuss küssen, ebda., Kap. 53, 5
durchsuchte häufig die Betten – ebda., Kap. 55, 16
Kein Eigentum sollte es geben – ebda., Kap. 33, 3–6

Urbar: das Urbar ist das Zinsbuch des Klosters
Grangie – Wirtschaftshof des Klosters (von lat. Granicum, grangium Vorratshaus für Getreide)
das Laster des Eigenbesitzes – Regel des hl. Benedikt Kap. 33,1
wie Holbein sie festhielt – s. sein Porträt des Abtes Konrad Merlin von Sankt Ulrich in Augsburg (Kupferstich-Kabinett Berlin)

Prosaisches Fundstück 1864: das Dokument wurde beim Abbruch der Treppe vom Parlatorium in das Dormitorium gefunden

Sculpa: Platz für das öffentliche Sündenbekenntnis im Kapitelsaal

Nur keine Affenliebe: folgende Strafe – s. Regel des hl. Benedikt Kap. 30, 3
lustig ist das Zigeunerleben – lt. SPIEGEL eines der Lieder, das Militärbischof Walter Mixa bei Fêten gelegentlich intonierte

Silentium: Dem Schweigen zuliebe verzichten – s. Regel des hl. Benedikt Kap. 6, 2

Thomas a Kempis – Augustinerchorherr, Mystiker (1379/80–1471). Ihm wird die »Imitatio Christi« (»Nachfolge Christi«) zugeschrieben, seit dem Mittelalter eines der verbreitetsten Erbauungsbücher
das »Hämmerchen« Kempis – sein bürgerlicher Name war Thomas Hemerken

Glacial: Mit jenem ketzrischen Augustiner-/Mönch – natürlich Martin Luther

Fauler Atem: den Hinweis auf Luthers Attacke gegen den Fasten-Gestank Bernhards von Clairvaux verdanke ich meinem Bruder Friedrich
das / sanft lebende Fleisch aus Wittenberg – nach einer Formulierung Thomas Münzers

Prunkjagd 1814: der dicke Friedrich (1754–1816), von Napoleon zum König von Württemberg gemacht. Er verwandelte Bebenhausen in einen Jagdsitz. Die Erinnerung an Napoleons Staunen über die Dehnbarkeit der menschlichen Haut verdanke ich Kurt Oesterle

Prunkjagd II: Andere Jagd – in Waldenbuch, 6.11.1812
Solche Jagden kosteten ca. 1 Million Gulden und trugen als Erlös für das Wildpret ca. 4 000 Gulden ein

Rug-Akten: Rüge-Akten

Gefängnis im Schreibturm: der alte Schreibturm des Klosters wurde 1812 von König Friedrich in ein Gefängnis verwandelt; bis zur Abschaffung des adligen Jagdprivilegs durch die bürgerliche Revolution von 1848 diente es vor allem der Inhaftierung von Waldfrevlern

Mörike in Bebons Tal 1874: die Schilderung der Szene mit Luise Rau in der 2. Strophe geht auf einen Bericht von deren Nichte, Frau Prof. Klebs, Tübingen, zurück
Die 3. Strophe basiert auf einer Erinnerung Ludwig Bauers aus dem Jahr 1829

MS versus V I: eine / Rauth-Schtrunsel nannte den Mond an / grünschissige Blitz an / unnaitige Zinnteller – überliefert von Ludwig Bauer
Rauth-Schtrunsel: rote Strunsel (Schimpfwort für eine Frau)
unnaitige Zinnteller: unnötiger Zinnteller

Neue Bilder aus Bebenhausen: Schmuckziegel – die Ziegeleien fertigten zum Ende eines Auftrags oder des ganzen Ziegler-Jahrs (18. Oktober) sog. Feierabend-Ziegel, die reich verziert waren und oft auch Gesichter trugen

König Karl: König Karl von Württemberg (1823 1891)
Charles Woodcock (1850–1923) war von 1883–1888 der Geliebte König Karls, von ihm zum Kammerherrn und Baron ernannt
Regent mit dem milden Zepter: nach einem Buchtitel Paul Sauers (1999)
Mittnacht: der württembergische Premierminister Hermann Mittnacht, der 1887 mit seinen Klagen über die nicht legitimierte Machtfülle Woodcocks am Hof gegenüber dem preußischen Gesandten die Entmachtung und Verabschiedung des königlichen Günstlings einleitete
Friedrich der/selber schon Männer geliebt: Mittag erwähnte die homosexuellen Neigungen König Friedrichs gegenüber Bismarck

Stoßseufzer der verschmähten Königin Olga zu Bebenhausen:
Königin Olga von Württemberg (1822–1892), russische Groß-
fürstin, kinderlose Gattin des homosexuellen württembergi-
schen Königs Karl
Spötterweg – Waldweg am Bebenhäuser Kirnberg, unweit
des dortigen Olga-Hains
die Liebe zum/Nächsten in den/Spitälern – Olga war sozial
sehr engagiert und war z. B. Schutzherrin der Stutgarter
Kinderheilanstalt, des »Olgäle«
job twoju matj – russischer Mutterfluch

Vorbild spartanisch: Wilhelm II. von Württemberg (1848–
1921), ein echter Bürgerkönig, lebte seit seiner Abdankung
bei Kriegsende 1918 bis zu seinem Tod in Bebenhausen,
seine Frau Charlotte sogar bis 1946

Flashback Heilig-Geist-Kirche Dinkelsbühl: Himmelsbriefe –
nach dem Volksglauben Briefe, die direkt aus dem Himmel
gefallen waren

Fahrschüler läutselig: nix zum kahla – nach der in Dinkels-
bühl in den 1950er Jahren gesprochenen Variante des Rot-
welschen, des Jenischen: nichts zu essen
ebbre lusch – erster letzter
der Lokohn – schlechter Kerl
die Kohna die Tschaia – die Buben die Mädchen

Unter Dachdeckern: Mönche und Nonnen – eine Ziegelsorte

Tier mit zwei Rücken: Begierden des Fleisches – Die Regel
des heiligen Benedikt 7, 23
Doppelwesen aus Hirsch und Mann – Adlige wie Kurfürst

Moritz von Sachsen ließen Wildfrevler auf einen starken
Hirsch fesseln und diesen von Hunden in den Wald hetzen
Lauf deinen Begierden nicht nach – Die Regel des hl. Benedikt,
7, 25

Schwieriger Weihnachtsbrauch: Heinrich Seuse (1295–1366)
Dominikaner, Mystiker, Verfasser der ersten deutschspra-
chigen Autobiographie; das Gedicht basiert auf den ge-
schilderten Fakten

*Abt Muho ein schwäbischer Zen-Mönch/zu Besuch in der
Heimat spricht:* nach einem Artikel Ulla Steuernagels im
Schwäbischen Tagblatt vom 3.8.2010

Opus angelorum: nach einem Bericht im SPIEGEL

Aurora musis amica:
Inschrift über einem Seitengelass des Dormitoriums

Geschrieben vom 23. Juli bis 4. September 2010

Inhalt